ORGANISATION

DU

CAMBODGE

SAIGON

IMPRIMERIE COLONIALE

—

1885

ORGANISATION DU CAMBODGE

Au moment où, par suite de l'application de la convention de Pnom-Penh du 17 juin 1884, le Cambodge fait un pas décisif dans l'évolution qui doit le transformer, il nous a paru intéressant de réunir en un seul corps le texte des divers arrêtés qui forment pour ainsi dire la constitution d'essai du royaume.

Pour qui connaît les pays orientaux, ces documents parlent assez par eux-mêmes sur l'état où, malgré vingt ans de protectorat français, était restée cette petite monarchie. Le lecteur verra bien vite qu'en réalité rien n'avait été changé à ce système d'exploitation à outrance qui avait fait descendre l'empire khmêr de son rang éminent de premier représentant et d'initiateur de la civilisation hindoue parmi les peuplades de l'Indo-Chine à celui de vassal des Siamois et des Annamites.

Avec ce singulier conservatisme particulier aux grandeurs déchues, le royaume khmêr avait gardé à peu près intacte son organisation féodale. Cette petite étendue de territoire qui lui restait encore, était bizarrement découpée en cinquante-sept provinces. Apanage de la reine-mère, apanage du second roi, fiefs des ministres, tout cela s'enchevêtrait à plaisir, le droit, l'impôt, la justice variant partout suivant les besoins ou le caprice du maître.

Cette féodalité a pu avoir son heure de grandeur et d'utilité nationale, quoique, à vrai dire, le Cambodge, tel que nous le voyons aujourd'hui, ressemble certes davantage à ces îles où vient se presser sans ordre toute la faune d'un continent disparu, qu'à l'un de ces royaumes de la nature où les espèces vivent dans l'harmonie d'une distribution conforme aux grandes lois de l'existence.

C'était là une raison de plus pour que ce malheureux pays ne pût jamais espérer sortir pacifiquement de sa situation misérable;

aussi l'histoire des derniers siècles n'est-elle qu'un long tissu de guerres civiles à peine suspendues par les guerres étrangères qui venaient périodiquement diminuer le domaine des rois khmêrs.

Il était nécessaire que la France, puissance protectrice, intervint enfin. Sans vouloir s'immiscer outre mesure dans l'administration du pays, il fallait que le produit de l'impôt, cessant d'être consacré à alimenter le trésor personnel du Roi, des mandarins apanagés, devînt une source de dépenses productives; il fallait que le paysan devînt propriétaire de sa terre, l'esclave propriétaire de son corps; qu'une justice régulière fût instituée; que mise d'abord à la portée de tous par la création de tribunaux de paix, elle fût assurée par l'existence de tribunaux supérieurs. Il fallait surtout que ces réformes ne fussent pas éludées, comme pendant vingt ans l'ont déjà été tant de promesses, par la mauvaise volonté des mandarins intéressés à maintenir l'état actuel.

La lecture des arrêtés qui vont suivre montrera mieux qu'aucun commentaire comment l'on a entendu résoudre toutes ces difficultés. L'impôt en nature a été aboli, la propriété privée créée. Les huit provinces formées de la réunion des cinquante-sept anciennes sont mises chacune sous la surveillance d'un résident français; une liste civile est allouée au roi; les chefs de province et les juges reçoivent une solde qui permet d'exiger d'eux de l'intégrité et du travail. Auprès du Roi enfin, la France est représentée par un Résident général qui, au lieu d'être comme par le passé le témoin presque impuissant de la décadence cambodgienne, aura la haute main sur toutes les branches de l'administration.

Si cette constitution n'est pas parfaite et s'il doit s'y révéler à l'usage plus d'une lacune, elle n'en constitue pas moins un très grand progrès sur tout ce qui a précédé et l'on peut espérer que, grâce à elle, le peuple cambodgien, sortant de son apathie séculaire, ira reprendre aux premiers rangs des nations orientales la place qu'il a occupée jadis et que ceux qui le connaissent et qui l'aiment ne le croient pas indigne de remplir encore.

I

CONVENTION conclue entre la France et le Cambodge, le 17 juin 1884, pour régler les rapports respectifs des deux pays.

Entre S. M. Norodom Ier, roi du Cambodge, d'une part,

Et M. Charles Thomson, gouverneur de la Cochinchine, agissant au nom du Gouvernement de la République française en vertu des pleins pouvoirs qui lui ont été conférés, d'autre part,

Il a été convenu ce qui suit :

Article premier. — S. M. le Roi du Cambodge accepte toutes les réformes administratives, judiciaires, financières et commerciales, auxquelles le Gouvernement de la République française jugera à l'avenir utile de procéder pour faciliter l'accomplissement de son Protectorat.

Art. 2. — S. M. le Roi du Cambodge continuera, comme par le passé, à gouverner ses États et à diriger leur administration, sauf les restrictions qui résultent de la présente convention.

Art. 3. — Les fonctionnaires cambodgiens continueront, sous le contrôle des autorités françaises, à administrer les provinces, sauf en ce qui concerne l'établissement et la perception des impôts, les douanes, les contributions indirectes, les travaux publics, et, en général, les services qui exigent une direction unique ou l'emploi d'ingénieurs ou d'agents européens.

Art. 4. — Des résidents ou des résidents-adjoints, nommés par le Gouvernement français et préposés au maintien de l'ordre public et au contrôle des autorités locales, seront placés dans les chefs-lieux de provinces et dans tous les points où leur présence sera jugée nécessaire.

Ils seront sous les ordres du Résident chargé, aux termes de l'article 2 du traité du 11 août 1863, d'assurer, sous la haute autorité du Gouverneur de la Cochinchine, l'exercice régulier du Protectorat, et qui prendra le titre de Résident général.

Art. 5. — Le Résident général aura droit d'audience privée et personnelle auprès de S. M. le Roi du Cambodge.

Art. 6. — Les dépenses d'administration du Royaume et celles du Protectorat seront à la charge du Cambodge.

Art. 7. — Un arrangement spécial interviendra, après l'établissement définitif du budget du Royaume, pour fixer la liste civile du Roi et les dotations des Princes de la famille royale.

La liste civile du Roi est provisoirement fixée à trois cent mille piastres; la dotation des Princes est provisoirement fixée à vingt-cinq mille piastres, dont la répartition sera arrêtée suivant accord entre S. M. le Roi du Cambodge et le Gouverneur de la Cochinchine.

S. M. le Roi du Cambodge s'interdit de contracter aucun emprunt sans l'autorisation du Gouvernement de la République.

Art. 8. — L'esclavage est aboli sur tout le territoire du Cambodge.

Art. 9. — Le sol du Royaume, jusqu'à ce jour propriété exclusive de la Couronne, cessera d'être inaliénable. Il sera procédé, par les autorités françaises et cambodgiennes, à la constitution de la propriété au Cambodge.

Les chrétientés et les pagodes conserveront en toute propriété les terrains qu'elles occupent actuellement.

Art. 10. — La ville de Pnom-Penh sera administrée par une commission municipale composée : du Résident général ou de son délégué, *président;* six fonctionnaires ou négociants français nommés par le Gouverneur de la Cochinchine; de trois Cambodgiens, un Annamite, deux Chinois, un Indien et un Malais, nommés par S. M. le Roi du Cambodge sur une liste présentée par le Gouverneur de la Cochinchine.

Art. 11. — La présente convention dont, en cas de contestations et conformément aux usages diplomatiques, le texte français seul fera foi, confirme et complète le traité du 11 août 1863, les ordonnances royales et les conventions passées entre les deux Gouvernements, en ce qu'ils n'ont pas de contraire aux dispositions qui précèdent.

Elle sera soumise à la ratification du Gouvernement de la République française, et l'instrument de ladite ratification sera remis à S. M. le Roi du Cambodge dans un délai aussi bref que possible.

En foi de quoi, S. M. le Roi du Cambodge et le Gouverneur de la Cochinchine ont signé le présent acte et y ont apposé leurs sceaux.

Fait à Pnom-Penh, le dix-sept juin mil huit cent quatre-vingt-quatre.

CHARLES THOMSON.   NORODOM.

II

DÉCISION relative à l'organisation politique et administrative du Cambodge.

Titre Ier : Division politique et administrative.
Titre II : Du Gouvernement.
Titre III : De l'Administration.

Chapitre Ier. — Du Résident général.
Chapitre II. — De l'Administration provinciale.
Chapitre III. — Des Résidents.
Chapitre IV. — Des autorités indigènes.
Chapitre V. — De la commune.

**Titre IV : De la municipalité de Pnom-Penh.
Dispositions générales.**

Le Gouverneur de la Cochinchine, officier de la Légion d'honneur et de l'Instruction publique,

Agissant au nom du Gouvernement de la République française, en vertu des pouvoirs qui lui ont été conférés,

Vu le traité conclu à Oudon le 11 août 1863, réglant les conditions du protectorat français au Cambodge ;

Vu les articles 1, 2, 3, 4, 5, 6 et 10 de la convention de Pnom-Penh du 17 juin 1884, confirmant et complétant le traité susvisé, lesdits articles ainsi conçus :

« Article premier. — S. M. le Roi du Cambodge accepte toutes les
« réformes administratives, judiciaires, financières et commerciales
« auxquelles le Gouvernement de la République française jugera à l'avenir
« utile de procéder pour faciliter l'accomplissement de son Protectorat.

« Art. 2. — S. M. le Roi du Cambodge continuera, comme par le passé,
« à gouverner ses États et à diriger leur administration, sauf les restric-
« tions qui résultent de la présente convention.

« Art. 3. — Les fonctionnaires cambodgiens continueront, sous le
« contrôle des autorités françaises, à administrer les provinces, sauf en ce
« qui concerne l'établissement et la perception des impôts, les douanes,
« les contributions indirectes, les travaux publics, et, en général, les ser-
« vices qui exigent une direction unique ou l'emploi d'ingénieurs ou
« d'agents européens.

« Art. 4. — Des résidents ou des résidents-adjoints, nommés par le
« Gouvernement français, et préposés au maintien de l'ordre public et au
« contrôle des autorités locales, seront placés dans les chefs-lieux de pro-
« vinces et dans tous les points où leur présence sera jugée nécessaire.
« Ils seront sous les ordres du Résident chargé, aux termes de l'article 2
« du traité du 11 août 1863, d'assurer, sous la haute autorité du Gouver-
« neur de la Cochinchine, l'exercice régulier du Protectorat, et qui prendra
« le titre de Résident général.

« Art. 5. — Le Résident général aura droit d'audience privée et per-
« sonnelle auprès de S. M. le Roi du Cambodge.

« Art. 6. — Les dépenses d'administration du Royaume et celles du
« Protectorat seront à la charge du Cambodge.

« Art. 10. — La ville de Pnom-Penh sera administrée par une commis-
« sion municipale composée : du Résident général ou de son délégué,
« président; six fonctionnaires ou négociants français, nommés par le
« Gouverneur de la Cochinchine; de trois Cambodgiens, un Annamite,
« deux Chinois, un Indien et un Malais, nommés par S. M. le Roi du
« Cambodge, sur une liste présentée par le Gouverneur de la Cochinchine »;

Vu les instructions ministérielles, en date du 17 septembre dernier;

Le Conseil de Gouvernement du Cambodge entendu, et avec la haute
approbation de S. M. Norodom, qui a fait apposer pour promulgation le
sceau du premier Ministre au bas de la présente décision,

DÉCIDE :

TITRE Ier. — Division politique et administrative.

Article premier. — Le territoire du royaume du Cambodge sera
divisé en huit provinces, dont chacune, formée par deux ou plusieurs arrondissements, prendra le nom de son chef-lieu.

Art. 2. — Ces provinces sont :

Pnom-Penh,	Krattié,
Kampot,	Kompong-Thom,
Pursat,	Banam,
Kompong-Chnang,	Kompong-Cham.

La composition des provinces est réglée, conformément aux indications contenues dans la carte annexée à la présente décision, ainsi qu'il suit :

Huit provinces....
{ **57** arrondissements anciens. .
{ **32** arrondissements nouveaux.

ARRONDISSEMENTS	
NOUVEAUX.	ANCIENS.

PROVINCE DE **Pnom-Penh :**

11 arrondissements anciens, 5 arrondissements nouveaux.

Pnom-Penh	Pnom-Penh.
Lovéa-Em	Muk-Kompul. / Khsack-Kandal. / Lovéa-Em.
Kien-Svai	Kien-Svai. / Leuk-Dèk.
Bati	Kandal-Stung. / Bati. / Saang.
Kathom	Kathom. / Prey-Krebas.

PROVINCE DE **Kampot :**

7 arrondissements anciens, 4 arrondissements nouveaux.

Kampot	Kampot.
Kompong-Som	Kompong-Som.
Trang	Bunteay-Méas. / Trang. / Péam.
Kong-Pisey	Kong-Pisey. / Pnôm-Sruoch.

PROVINCE DE **Pursat :**

5 arrondissements anciens, 3 arrondissements nouveaux.

Pursat	Pursat.
Thépong	Thépong.
Krang	Krako. / Krang. / Babaur.

ARRONDISSEMENTS	
NOUVEAUX.	ANCIENS.

Province de **Kompong-Chnang** :

6 arrondissements anciens, 5 arrondissements nouveaux.

Roléa-Pier	Roléa-Pier.
Lovek	Lovek.
Somrong-Tong	Somrong-Tong.
Pinhalu	Pinhalu. Anlong-Réach.
Krang-Samré	Krang-Samré.

Province de **Krattié** :

5 arrondissements anciens, 2 arrondissements nouveaux.

Sambor	Sambor. Samboc.
Krattié	Krattié. Kanchor. Chlaung.

Province de **Kompong-Thom** :

7 arrondissements anciens, 4 arrondissements nouveaux.

Kompong-Thom	Kompong-Thom. Kompong-Svai.
Kompong-Leng	Kompoug-Leng.
Chikreng	Stoung. Chikreng.
Barai	Barai. Prey-Kedey.

Province de **Banam** :

8 arrondissements anciens, 4 arrondissements nouveaux.

Banam	Banam.
Svai-Romiet	Svai-Romiet. Srei-Santho (Sitho-Cheveng).
Prey-Veng	Prey-Veng. Peàm-Chor. Peà-Réang.
Rom-Duol	Rom Duol. Svai-Téap.

NOUVEAUX.	ANCIENS.

PROVINCE DE **Kompong-Cham** :

8 arrondissements anciens, 5 arrondissements nouveaux.

NOUVEAUX.	ANCIENS.
Krauchmar	Krauchmar.
Tothung-Thngay	Totung-Thngay.
Kompong-Cham	Kompong-Cham. Stung-Trang.
Kang-Méas	Kang-Méas. Chœung-Prey.
Ka-Sutin	Ka-Sutin. Sitho-Kandal.

Art. 3. — L'ancienne division de chaque arrondissement en deux cantons, canton de droite et canton de gauche, est maintenue.

Art. 4. — Les cantons seront divisés en communes, dans les conditions prévues au chapitre V du titre III : *De l'administration.*

Art. 5. — La ville de Pnom-Penh est et demeure la capitale du royaume.

TITRE II. — Du Gouvernement.

Art. 6. — S. M. le Roi du Cambodge continuera, comme par le passé, à gouverner ses États et à diriger leur administration, sauf les restrictions qui résultent de la convention du 17 juin 1884.

Art. 7. — Il n'est rien modifié à la composition du Conseil de Gouvernement institué par l'Ordonnance royale du 15 janvier 1877 (1).

Le Conseil continuera à assister le Roi dans l'administration supérieure et la garde des intérêts de l'État, sous la haute autorité du Gouverneur de la Cochinchine, et sous la direction et le contrôle

---

(1) Un conseil, composé des cinq plus grands mandarins, sera chargé de la haute surveillance de l'exécution des lois, ainsi que de l'étude des réformes et modifications dont elles pourraient devenir susceptibles.

Le conseil se compose de cinq ministres : le Chauféa, le Yommo-rach, le Véang, le Kralahom et le Chacrey.

Le conseil délibérera hors de la présence du Roi, et soumettra ensuite à Sa Majesté les mesures reconnues opportunes et utiles au pays. *(Ordonnance royale du 15 janvier 1877.)*

du Résident général de France, dans les limites prévues par les articles 3 et 4 de la convention précitée.

TITRE III. — De l'Administration.

CHAPITRE PREMIER. — Du Résident général.

Art. 8. — Le Résident général de France au Cambodge, nommé par le Président de la République française, est chargé d'assurer, sous l'autorité du Gouverneur de la Cochinchine, l'exercice régulier du Protectorat.

Son action s'étend sur tous les services publics du Royaume sans distinction.

Il veille à l'exécution des traités et ordonnances, ainsi qu'à l'application des décisions et règlements en vigueur; il prend directement ou, dans certains cas déterminés, après en avoir référé au Gouverneur de la Cochinchine, les mesures nécessaires à la sauvegarde des intérêts généraux et particuliers, de la morale et de la sécurité publique; il exerce les pouvoirs judiciaires qui lui sont conférés par la décision de ce jour, relative à l'organisation de la justice au Cambodge.

Il établit les comptes de chaque exercice, est chargé de la préparation du budget de l'État et de sa présentation au Gouverneur de la Cochinchine.

Art. 9. — Le Résident général a droit d'audience privée et personnelle auprès de S. M. le Roi du Cambodge.

Art. 10. — Tout arrêté pris par le Résident général dans la limite de ses attributions, mais ayant un caractère de réglementation, devra être soumis au Gouverneur de la Cochinchine et ne sera exécutoire qu'après son approbation.

Art. 11. — En cas d'urgence et dans les circonstances graves, le Résident général aura le droit de statuer provisoirement et sous sa responsabilité dans les matières qui sont de la compétence de l'autorité supérieure, et l'exécution préalable sera due à son arrêté.

Art. 12. — Le Résident général sera assisté d'un fonctionnaire choisi par le Gouverneur de la Cochinchine dans le personnel administratif de cette colonie, et qui prendra le titre de Secrétaire général du Protectorat.

Le Secrétaire général remplacera le Résident général en cas d'absence ou d'empêchement.

CHAPITRE II. — DE L'ADMINISTRATION PROVINCIALE.

Art. 13. — Il est institué une Résidence au chef-lieu de chaque province.

Les postes de Résidents seront confiés à des administrateurs faisant partie du personnel des affaires indigènes de la Cochinchine, qui seront nommés par le Gouverneur.

Art. 14. — Le Secrétaire général du Protectorat exercera les fonctions de Résident de la province de Pnom-Penh.

Art. 15. — Seront également pris dans le personnel des affaires indigènes de la Cochinchine et dans le personnel administratif de cette colonie, les fonctionnaires et agents qui devront être répartis auprès du Résident général et dans les Résidences ; ils seront nommés par le Gouverneur.

Art. 16. — Il sera fait application au personnel administratif du Cambodge des dispositions du décret du 4 mai 1881, concernant la Cochinchine, en ce qui concerne le mode de recrutement, la solde et accessoires de solde, le compte de prévoyance et les congés.

Le budget du royaume étant absolument séparé de celui de la Cochinchine, les dépenses d'administration et celles du Protectorat seront à la charge du Cambodge, ainsi qu'il est dit à l'article 6 de la convention du 17 juin 1884.

Art. 17. — L'article 34 du décret du 4 mai 1881 (discipline), est également applicable au personnel administratif du Cambodge.

Toutefois, en cas de faute grave et s'il y a urgence, la suspension des fonctionnaires et employés pourra être prononcée après enquête par le Résident général, sauf ratification par le Gouverneur de la Cochinchine, agissant en vertu des pouvoirs qui lui sont conférés.

CHAPITRE III. — DES RÉSIDENTS.

Art. 18. — Le Résident relève immédiatement du Résident général qui est son supérieur direct.

Il est chargé de la direction politique et administrative de la province, du contrôle des autorités cambodgiennes, du maintien de l'ordre, et de la surveillance de tous les services publics.

Il exerce, en matière judiciaire, les pouvoirs déterminés dans la décision de ce jour, relative à l'organisation de la justice au Cambodge; il remplit les fonctions d'officier de l'état civil pour les Européens. Il est chargé, de concert avec les autorités cambodgiennes, du recrutement des miliciens indigènes, dont le nombre est provisoirement fixé à cinquante pour chaque résidence.

Art. 19. — Il est assisté par un fonctionnaire, qui aura le titre de Secrétaire de la Résidence et sera chargé de le remplacer en cas d'absence ou d'empêchement.

Art. 20. — Il a sous son autorité les fonctionnaires et employés des divers services de sa province, français et indigènes.

Art. 21. — Les fonctionnaires et employés français de toute catégorie ne communiqueront avec les autorités cambodgiennes, à moins d'autorisation spéciale, que par l'intermédiaire des Résidents.

CHAPITRE IV. — DES AUTORITÉS INDIGÈNES.

Art. 22. — Les fonctionnaires cambodgiens continueront, sous le contrôle des autorités françaises, à administrer les provinces, sauf en ce qui concerne l'établissement et la perception des impôts, les douanes, les contributions indirectes, les travaux publics, et en général les services qui exigent une direction unique ou l'emploi d'ingénieurs ou d'agents européens.

Art. 23. — Chaque province est administrée par un chef de province cambodgien qui exerce son action dans les limites spécifiées à l'article précédent; il est nommé par le Gouverneur de la Cochinchine, sur la proposition du Résident général.

Ce fonctionnaire dirige et surveille dans toutes ses parties le service des chefs d'arrondissement, qui relèvent directement de lui; il est placé sous le contrôle du Résident provincial, auquel il rend compte de tous ses actes et dont il est tenu d'exécuter les instructions.

Les chefs de province forment une classe unique et reçoivent une solde annuelle de 900 piastres.

Art. 24 — Chaque chef de province est secondé par un chef adjoint qui le remplace en cas d'empêchement ou d'absence. Il est nommé par le Gouverneur de la Cochinchine, sur la proposition du Résident général.

. Les chefs adjoints de province forment le second degré de la hiérarchie dans l'administration indigène; ils touchent une solde annuelle de 700 piastres.

Art. 25. — Chaque arrondissement (à l'exception des arrondissements chefs-lieux de provinces, qui sont placés sous l'autorité directe des chefs de province) est administré par un chef d'arrondissement, nommé par le Résident général.

Ce fonctionnaire relève directement du chef de province, dont il est le délégué en ce qui concerne l'arrondissement; il a sous ses ordres immédiats les chefs de canton.

Les chefs d'arrondissement forment le troisième degré de la hiérarchie; ils sont divisés en deux classes et reçoivent une solde annuelle: de 600 piastres s'ils sont de 1re classe, de 500 piastres s'ils sont de deuxième classe.

Art. 26. — Chaque canton est administré par un chef de canton, relevant directement du chef d'arrondissement dont il est le délégué, et ayant sous ses ordres immédiats les autorités communales; il est nommé par le Résident général.

Placés au quatrième degré de la hiérarchie, les chefs de canton forment deux classes et reçoivent une solde annuelle de 300 piastres lorsqu'ils sont de 1re classe, de 250 piastres s'ils sont de 2e classe.

Art. 27. — Les pouvoirs administratifs et judiciaires étant absolument séparés dans l'administration provinciale indigène, aucun des fonctionnaires énumérés ci-dessus n'a d'attributions judiciaires.

Ils n'interviennent dans les affaires de cette nature qu'en qualité d'officiers de police judiciaire, en cas de flagrant délit, à la requête des particuliers pour des constatations urgentes, en conformité des ordres du Résident, ou bien encore sur la réquisition des autorités judiciaires pour faciliter l'instruction des affaires ou assurer l'exécution des jugements.

CHAPITRE V. — DE LA COMMUNE.

Art. 28. — Le territoire du Cambodge sera divisé en communes dont les limites et les chefs-lieux seront ultérieurement fixés par décisions du Résident général.

Chaque commune pourra être ultérieurement divisée en autant de sections, quartiers ou hameaux qu'il sera jugé nécessaire.

Art. 29. — La commune forme une individualité administrative distincte, ayant ses ressources et ses charges propres; elle peut acquérir et posséder.

Art. 30. — La commune est responsable, tant vis-à-vis du Gouvernement que des particuliers qui lui sont étrangers :

1° Des crimes et délits commis sur son territoire ;

2° De la rentrée des impôts dont le recouvrement lui est confié, des levées et réquisitions d'hommes, tant pour le service militaire que pour tout autre service commandé, de la conduite des hommes fournis par elle, de l'exécution par l'administration communale des ordres et décisions de l'autorité supérieure.

Art. 31. — Cette responsabilité entraîne la réparation pécuniaire du dommage causé, s'il y a lieu; en outre, des amendes administratives pourront être infligées à 'la commune, à titre coërcitif.

Ces amendes seront prononcées, savoir : si elles ne dépassent pas 50 piastres, par le Résident provincial, après avis des autorités indigènes; au-delà de 50 piastres, par le Résident général.

I. — *De l'administration de la commune.*

Art. 32. — La commune est administrée par un conseil de six notables, choisis par les habitants réunissant les conditions prévues à l'article 41 et parmi eux; ce conseil est renouvelé en entier tous les trois ans. Immédiatement après son élection, il choisit dans son sein un maire et un adjoint.

La nomination des notables par les électeurs, du maire et de l'adjoint par les notables, devra être agréée par le Résident général si la commune est chef-lieu de province ou d'arrondissement, par le Résident provincial dans tous les autres cas.

Art. 33. — Le maire est, vis-à-vis de l'autorité supérieure avec laquelle il correspond et dont il reçoit les ordres, le représentant de la commune et le chef de l'administration communale; il convoque et préside le conseil communal, veille au maintien de l'ordre public et à la bonne gestion des intérêts de la commune, qu'il représente en justice et dans tous les contrats ou transactions ; il pourvoit à l'exécution des ordres des autorités compétentes et à la tenue régulière du *Contrôle de la population* et des registres de l'état civil ; il est suppléé et au besoin remplacé par l'adjoint.

Les notables contrôlent l'administration communale dans son ensemble et, en général, toutes les opérations accomplies par les autorités de la commune ; ils peuvent, s'il en est besoin, être investis d'attributions spéciales en ce qui concerne l'administration active.

Art. 34. — Les fonctions communales sont, en principe, gratuites ; cependant, le maire, l'adjoint et les notables investis d'attributions spéciales pourront recevoir une indemnité de fonctions dont le quantum sera déterminé par le Résident général sur la proposition du Résident provincial et après avis des autorités cambodgiennes.

Art. 35. — Le conseil des notables est solidairement et pécuniairement responsable envers la commune de l'ensemble de son administration ; chaque membre est individuellement et pécuniairement responsable de ses actes envers le conseil.

Les membres du conseil peuvent être individuellement révoqués ou le conseil dissous par l'autorité qui a ratifié leur élection ; les premiers peuvent être en outre frappés, pour fautes dans l'exercice de leurs fonctions, de punitions disciplinaires qui seront ordonnées par le Résident provincial.

II. — *De la population de la commune et de l'état civil.*

Art. 36. — Tout habitant de la commune doit être inscrit sur un registre dénommé *Contrôle de la population,* tenu par les autorités communales et dont le modèle sera ultérieurement arrêté. Nul ne pourra être inscrit simultanément dans deux ou plusieurs communes.

Après son premier établissement, qui suivra d'aussi près que possible l'organisation de la commune, le contrôle de la population sera constamment tenu à jour : 1º par l'inscription des enfants nés dans la commune de parents y domiciliés ; 2º par l'inscription des personnes provenant d'une autre commune ou de l'extérieur ; 3º par la radiation des décédés, des personnes disparues et de celles ayant élu domicile dans une autre commune.

Art. 37. — L'inscription des enfants nés dans la commune de parents domiciliés sera faite d'office par les autorités communales, immédiatement après l'établissement de l'acte de naissance dont il sera parlé ci-après.

L'inscription des personnes provenant d'une autre commune du territoire cambodgien ne pourra avoir lieu qu'au vu d'un certificat délivré par le maire de leur commune d'origine et contenant les indications suivantes :

1° Noms, prénoms, profession et état civil de l'individu auquel il a été délivré ;

2° Relevé, s'il y a lieu, des condamnations qu'il a subies ;

3° Attestation de radiation du contrôle de la commune dont il provient, et indication de celle où il a déclaré vouloir élire domicile.

Le certificat dont il vient d'être parlé devra, pour être admis, avoir été légalisé :

1° Par le chef de canton, si la commune d'origine et celle où il est fait élection de domicile font partie du même canton ;

2° Par le chef d'arrondissement, si elles appartiennent au même arrondissement ;

3° Par le chef de province, si elles font partie de la même province ;

4° Par les Résidents des deux provinces, si elles font partie de provinces différentes.

L'inscription des personnes provenant de l'extérieur du royaume et de toutes celles qui ne seraient pas en mesure de produire le certificat ci-dessus mentionné ne pourra avoir lieu qu'en vertu d'un ordre du Résident provincial.

L'inscription devra rappeler l'acte qui la motive (acte de naissance, certificat ou ordre du Résident) ; ces pièces seront conservées dans les archives communales.

Art. 38. — Tout habitant inscrit sur le contrôle d'une commune devra, pour obtenir sa radiation et la délivrance du certificat dont il a été parlé à l'article précédent, déclarer le lieu où il se propose de transférer son domicile et justifier qu'il a satisfait à toutes les charges ou obligations contractées pendant sa résidence dans la commune, tant vis-à-vis de cette dernière que de l'État et des particuliers.

La radiation sera refusée à tout individu interné dans la commune par décision de l'autorité.

La radiation des absents sera ordonnée par le Résident provincial, savoir : au bout d'une année, si leur nouvelle résidence n'est pas connue, et, dans le cas contraire, dès qu'elle le sera.

L'ordre de ce fonctionnaire sera mentionné en marge de la radiation et conservé aux archives communales.

La radiation des personnes décédées dans la commune a lieu d'office; l'acte de décès est mentionné en marge.

Art. 39. — Nul ne pourra s'absenter pour plus de huit jours de la commune où est établi son domicile, s'il n'est porteur d'un permis de circulation délivré par le maire. Ce permis devra être visé par le chef de canton de son domicile s'il doit sortir de son canton; par le chef d'arrondissement s'il se rend dans un autre arrondissement; par le chef de province s'il se rend dans une autre province; par le Résident dans tous les autres cas. Ce dernier visera, en outre, tout permis d'une durée supérieure à six mois.

Toute personne provenant de l'extérieur devra être munie d'un passeport délivré par les autorités du pays d'origine, qu'elle échangera, dans le plus bref délai possible, contre un permis de circulation qui lui sera délivré par le Résident le plus voisin du point où elle aura franchi la frontière.

Art. 40. — Toute contravention aux dispositions qui précèdent constituera le délit de vagabondage et sera punie en conséquence.

Art. 41. — Tout individu inscrit au *Contrôle de la population* participe, dans la mesure de ses moyens et conformément aux règlements en vigueur, à toutes les charges communales; il ne pourra toutefois participer aux avantages attachés à la qualité d'habitant domicilié (élection des notables, jouissance des biens communaux mis à la disposition des habitants, etc.), qu'autant que son inscription remontera à plus de deux années et qu'il sera cambodgien ou sujet français.

Outre les conditions exigées par le paragraphe précédent, il sera nécessaire, pour être admis à participer à l'élection des notables :

1o D'être âgé de 25 ans;

2º De n'avoir subi aucune condamnation afflictive ou infamante ;

3º D'être propriétaire foncier dans la commune et d'y payer la contribution personnelle.

Les individus internés par mesure administrative seront exclus du vote.

Art. 42. — Les naissances et les décès survenus dans la commune seront constatés par des actes dressés par les soins du maire et libellés sur des registres tenus en double ; ces actes seront signés du maire et de deux notables. Le modèle des registres sera ultérieurement arrêté.

III. — *Dispositions transitoires.*

Art. 43. — Les conditions de domicile exigées par l'article 41 pour participer à l'élection des notables et autres prérogatives des habitants domiciliés, ne seront pas exigées pendant les deux années qui suivront la constitution de la commune.

TITRE IV.

DE LA MUNICIPALITÉ DE PNOM-PENH.

Art. 44. — La ville de Pnom-Penh formera une commune dont les limites seront ultérieurement fixées, sur la proposition du Résident général, par arrêté du Gouverneur de la Cochinchine.

Art. 45. — Elle sera administrée par une commission municipale composée : d'un président nommé, sur la proposition du Résident général, par le Gouverneur de la Cochinchine ; de six fonctionnaires ou négociants français nommés suivant les mêmes formes ; de trois Cambodgiens, un Annamite, deux Chinois, un Indien et un Malais, nommés par S. M. le Roi du Cambodge, sur une liste présentée par le Gouverneur de la Cochinchine après propositions du Résident général.

Art. 46. — La durée des fonctions des membres de la commission municipale est de deux années ; elles peuvent leur être indéfiniment maintenues, de même qu'ils peuvent être relevés de leurs fonctions, même avant ce terme, par décision du Gouverneur de la Cochinchine, rendue sur la proposition du Résident général.

Art. 47. — La commission municipale s'assemblera, sur la convocation de son président, au moins tous les trois mois.

Les convocations seront faites par écrit et à domicile trois jours au moins avant la réunion.

Le Secrétaire général du Protectorat, Résident de la province de Pnom-Penh, soit sur la demande du président de la commission municipale, soit d'office, peut convoquer extraordinairement cette assemblée ; en ce cas, les délais de convocation peuvent être abrégés.

La commission municipale ne pourra délibérer que lorsque la majorité des membres en exercice assistera à la séance.

Lorsqu'après deux convocations successives, à cinq jours d'intervalle, les membres de la commission ne seront pas en nombre suffisant, la délibération prise à la troisième convocation sera valable quel que soit le nombre des membres présents.

Les membres de la commission siègeront selon leur rang sur le tableau et dans l'ordre suivant :

Les membres français,

Les membres cambodgiens,

Le membre annamite,

Le membre malais,

Les membres chinois,

Le membre indien.

Les résolutions seront prises à la majorité absolue des suffrages.

Il pourra être voté au scrutin secret quand cinq membres présents le réclameront.

Le président aura voix prépondérante en cas de partage.

Art. 48. — Les attributions du président de la commission municipale, celles de cette commission, les dépenses, les recettes et le budget de la commune, les acquisitions, aliénations, baux, dons et legs, les actions judiciaires et les transactions, la comptabilité de la commune, les intérêts concernant plusieurs communes, l'action et le contrôle de l'autorité supérieure sur l'administration communale sont réglés par la loi française du 18 juillet 1837, appliquée en Cochinchine, sur l'organisation des communes, en ce qu'elle n'a rien de contraire aux présentes dispositions et à celles qui pourraient être ultérieurement prises en ce qui concerne la commune de Pnom-Penh.

Art. 49. — Le président de la commission remplit les fonctions de maire; la commission municipale celle de conseil municipal; les attributions dévolues en France au préfet et au conseil de préfecture sont exercées par le Résident général.

Art. 50. — Le président de la commission municipale est assisté d'un premier et d'un deuxième adjoint, pris dans le sein de cette commission et nommés par le Résident général.

Les adjoints remplacent le président, en cas d'empêchement ou d'absence, suivant l'ordre hiérarchique.

Art. 51. — Les frais de traitement, d'allocation et de logement du président de la commission municipale et du secrétaire de la mairie, pris dans le personnel administratif de la Cochinchine et nommés par le Gouverneur, sont portés aux dépenses obligatoires du budget de la commune.

Art. 52. — Les fonctions de membres de la commission municipale sont gratuites.

DISPOSITIONS GÉNÉRALES.

Art. 53. Pour tous les cas non prévus au présent acte et sur la proposition du Résident général, il sera statué par décision du Gouverneur de la Cochinchine, le Conseil de Gouvernement du Cambodge entendu.

Art. 54. — Le Résident général est chargé de l'exécution de la présente décision, qui sera enregistrée partout où besoin sera et insérée au *Journal officiel de la Cochinchine française* et au *Bulletin officiel du Cambodge.*

Fait à Pnom-Penh, le 27 octobre 1884.

Le Gouverneur de la Cochinchine,
CHARLES THOMSON.

(Cachet du Premier Ministre.)

III

DÉCISION relative à l'organisation judiciaire du Cambodge.

CHAPITRE Ier. — DISPOSITIONS GÉNÉRALES.
CHAPITRE II. — DES TRIBUNAUX DE PAIX.
CHAPITRE III. — DES TRIBUNAUX PROVINCIAUX.
CHAPITRE IV. — DU TRIBUNAL SUPÉRIEUR.
CHAPITRE V. — DE LA PROCÉDURE.
CHAPITRE VI. — DISPOSITIONS SPÉCIALES.

Le Gouverneur de la Cochinchine, officier de la Légion d'honneur et de l'Instruction publique,

Agissant au nom du Gouvernement de la République française, en vertu des pouvoirs qui lui ont été conférés,

Vu le traité conclu à Oudon le 11 août 1863, réglant les conditions du Protectorat français au Cambodge ;

Vu l'article premier de la convention de Pnom-Penh du 17 juin 1884, confirmant et complétant le traité susvisé, ledit article ainsi conçu : « S. M. le Roi du Cambodge accepte toutes les réformes administratives, « *judiciaires,* financières et commerciales auxquelles le Gouvernement « de la République française jugera à l'avenir utile de procéder pour « faciliter l'accomplissement de son Protectorat » ;

Vu les instructions ministérielles, en date du 17 septembre dernier ;

Le Conseil de Gouvernement du Cambodge entendu, et avec la haute approbation de S. M. Norodom, qui a fait apposer pour promulgation le sceau du premier Ministre au bas de la présente décision,

DÉCIDE :

CHAPITRE PREMIER. — DISPOSITIONS GÉNÉRALES.

Article premier. — La justice est rendue, dans le royaume du Cambodge, sans acception de rang ni de personne.

Les expéditions des arrêts, jugements et mandats de justice seront intitulés ainsi qu'il suit :

« PROTECTORAT FRANÇAIS DU CAMBODGE.
« *Au nom du Roi du Cambodge.* »

Lesdits arrêts, jugements, mandats de justice seront terminés ainsi :

« En conséquence, le Gouverneur de la Cochinchine mande et
« ordonne à tous huissiers, sur ce requis, de mettre ledit jugement
« ou arrêt à exécution, à toutes les autorités et à tous les fonction-
« naires du Royaume d'y tenir la main, à tous les commandants
« et officiers de la force publique de prêter main-forte lorsqu'ils
« en seront légalement requis. »

Art. 2. — La justice est administrée au Cambodge par les tribunaux de paix, les tribunaux provinciaux et le tribunal supérieur
siégeant à Pnom-Penh.

Art. 3. — Les juges statueront suivant l'équité, en respectant
autant que possible les coutumes cambodgiennes et en s'inspirant
des principes du Droit français.

Toutefois, en matière de contributions directes, de contributions
indirectes et de douanes, et, d'une manière générale, pour la
répression des contraventions aux décisions, arrêtés et règlements
légalement promulgués au Cambodge, les juges devront strictement
observer les prescriptions desdits actes, et se conformer s'il y a
lieu, pour la procédure à suivre, à leurs dispositions.

Art. 4. — La torture est abolie.

Art. 5. — Il ne sera ordonné pour la répression des crimes,
délits et contraventions, que les peines suivantes ;

La mort, — les travaux forcés à perpétuité, — la déportation, —
les travaux forcés à temps, — la détention, — la réclusion, — le
bannissement, — l'emprisonnement à temps dans un lieu de correc-
tion, — l'internement, — l'amende et la confiscation.

Art. 6. — Aucune exécution capitale ne pourra avoir lieu sans
l'autorisation du Gouverneur de la Cochinchine.

Art. 7. — Tout condamné à mort aura la tête tranchée.

Art. 8. — Le droit de grâce appartient au Roi : tous les recours
en grâce devront être adressés au Résident général qui, s'il y a lieu,
les présentera au Roi.

Art. 9. — La justice est gratuite.

Les magistrats recevront un traitement qui sera déterminé ci-
après, suivant leurs grades.

Ceux qui accepteraient des présents ou une rémunération quelconque, à l'occasion de l'exercice de leurs fonctions, seraient révoqués, sans préjudice des poursuites à exercer devant les tribunaux de répression.

Art. 10. — Il n'est en rien dérogé par les présentes dispositions aux lois, décrets et ordonnances fixant la composition et les attributions du tribunal de France établi à Pnom-Penh, qui continuera à rendre la justice sur tout le territoire du Cambodge aux Français, Européens, et à tous sujets d'une puissance européenne ou américaine à quelque nationalité qu'ils appartiennent, et dans tous les cas où il n'y a pas de sujets cambodgiens en cause.

CHAPITRE II. DES TRIBUNAUX DE PAIX.

Art. 11. — Il est institué dans chaque arrondissement un tribunal de paix, composés d'un juge cambodgien, d'un juge suppléant faisant aussi fonctions de secrétaire et d'un huissier indigène.

Ces fonctionnaires seront nommés par le Résident général.

Art. 12. — Un arrêté, rendu par le Gouverneur de la Cochinchine après avis du Résident général, déterminera ultérieurement le territoire de juridiction des tribunaux de paix.

Art. 13. — Tout juge de paix qui, après sa nomination, ne résidera pas au siége du tribunal, sera averti par le Résident de la province d'y fixer son domicile dans le mois d'avertissement; passé ce délai, et en cas d'inobservation de cette presciption, le Résident général pourvoira au remplacement du juge de paix, considéré comme démissionnaire.

Art. 14. — On ne pourra considérer comme cessation de résidence d'un juge de paix les absences qui seront autorisées comme il suit : lorsqu'un juge de paix désirera s'absenter de son arrondissement, il se munira d'une autorisation du Résident; lorsque son absence devra durer plus d'un mois, il s'adressera, par la voie hiérarchique, au Résident général pour obtenir un congé.

Art. 15. — Le juge de paix connaît de toutes les causes purement personnelles et mobillières, sans appel jusqu'à la valeur de *cinq piastres,* et à charge d'appel jusqu'à la valeur de *cinquante piastres.*

Art. 16. — Lorsque le taux de la demande sera supérieur à *cinquante piastres*, le juge de paix conciliera les parties si faire se peut, et, dans le cas contraire, adressera son rapport au Résident de la province.

Art. 17. — Lorsque plusieurs demandes formées par la même partie seront réunies dans une même instance, le juge de paix sera incompétent si la valeur totale des demandes est supérieure à *cinquante piastres*, alors même que quelqu'une de ces demandes serait inférieure à cette somme.

Art. 18. — Les juges de paix seront, en outre, incompétents pour connaître des contestations entre Français, Européens, sujets d'une puissance européenne ou américaine, et des sujets cambodgiens ; elles devront, quelle que soit la valeur du litige, être portées directement devant le tribunal provincial.

Art. 19. — Le juge de paix connaîtra en dernier ressort jusqu'à la valeur de *cinq piastres,* et à charge d'appel à quelque valeur que la demande puisse s'élever :

§ 1er Des actions pour dommages faits aux champs, fruits et récoltes, soit par l'homme, soit par les animaux, et de celles relatives à l'élagage des arbres et des haies, et au curage soit des fossés, soit des canaux servant à l'irrigation des propriétés, lorsque les droits de propriété ou de servitude ne sont pas contestés ;

§ 2. Des réparations locatives des maisons ou des fermes qui sont à la charge du locataire ;

§ 3. Des contestations relatives aux engagements respectifs des gens de travail au jour, au mois, à l'année, et de ceux qui les emploient ; des maîtres et des domestiques ou gens de service à gages ; des maîtres et de leurs ouvriers ou apprentis ;

§ 4. Des actions en bornage, lorsque la propriété ou les titres qui l'établissent ne sont pas contestés.

Art. 20. — En matière de simple police, le tribunal de paix pourra prononcer contre les sujets cambodgiens ou asiatiques jusqu'à huit jours de prison et cinq piastres d'amende au profit du trésor public ; mais lorsqu'il prononcera l'emprisonnement ou lorsque les amendes, restitutions et autres réparations civiles excèderont la somme de cinq piastres, son jugement sera susceptible d'appel.

Art. 21. — Le juge de paix remplira les fonctions d'officier de police judiciaire; il pourra être aussi chargé de faire des instructions tant en matière civile que criminelle.

CHAPITRE III. — Des tribunaux provinciaux.

Art. 22. — Il sera institué un tribunal provincial au chef-lieu de chaque province.

Un arrêté du Gouverneur de la Cochinchine fixera ultérieurement l'étendue du ressort de ces tribunaux.

Art. 23. — Le tribunal provincial est composé du Résident ou de son délégué, président dudit tribunal, qui aura voix prépondérante, et d'un juge cambodgien nommé par le Résident général; d'un juge cambodgien suppléant et d'un huissier nommés aussi par le Résident général.

Art. 24. — Les juges cambodgiens pourront être chargés par le président des enquêtes et des instructions tant au civil qu'au criminel.

Art. 25. — En matière civile et commerciale, le tribunal provincial connaîtra en premier et dernier ressort de toutes les actions personnelles et mobilières jusqu'à la valeur de *cent piastres,* et à charge d'appel de toutes les autres demandes, quelle qu'en soit la valeur.

Art. 26. — En matière criminelle et correctionnelle, le tribunal provincial connaîtra, à charge d'appel, de tous les crimes et délits commis dans son ressort.

Il connaîtra également des contraventions aux règlements et arrêtés légalement promulgués au Cambodge, en matière de contributions directes, de contributions indirectes, de douanes, etc.

Lorsque la condamnation excèdera deux années de prison, ou *deux cents piastres* d'amende, le jugement ne sera exécutoire qu'après homologation du tribunal supérieur qui pourra, s'il y a lieu, réduire la peine appliquée et même prononcer l'acquittement.

Art. 27. — Le tribunal provincial connaîtra en outre de l'appel des jugements des tribunaux de paix, tant en matière civile qu'en matière de simple police.

Art. 28. — Les litiges entre Français, Européens, sujets d'une puissance européenne ou américaine, et les sujets cambodgiens, en toute matière, seront directement portés devant le tribunal provincial, qui prononcera à charge d'appel.

CHAPITRE IV. — Du tribunal supérieur.

Art. 29. — Le tribunal supérieur aura son siège à Pnom-Penh, capitale du royaume.

Art. 30. — Il sera composé du Résident général ou de son délégué, président, d'un fonctionnaire français désigné par le Gouverneur de la Cochinchine, et de deux juges cambodgiens nommés par le Gouverneur de la Cochinchine, sur la proposition du Résident général.

Il pourra être nommé des juges suppléants pour remplacer les juge titulaires, en cas d'absence ou d'empêchement.

Il sera adjoint au tribunal supérieur un greffier, un huissier et un ou plusieurs commis greffiers, selon les besoins du service.

Art. 31. — Les décisions seront prises à la simple majorité, et, en cas de partage, la voix du président sera prépondérante.

Art. 32. — En matière civile et commerciale, le tribunal supérieur connaît des appels formés contre les jugements rendus en premier ressort par les tribunaux provinciaux.

Art. 33. — En matière criminelle et correctionnelle, le tribunal supérieur connaît de l'appel de tous les jugements rendus par les tribunaux provinciaux.

Art. 34. — Le tribunal supérieur connaîtra en outre, lors même qu'aucune des parties n'aurait interjeté appel, des jugements qui lui seront déférés par le Résident général et des jugements rendus par les tribunaux provinciaux en matière criminelle ou correctionnelle, lorsque la condamnation sera supérieure à *deux années* de prison, ou à *deux cents piastres* d'amende.

Art. 35. — En cas de conflit entre les tribunaux cambodgiens ou entre les tribunaux des diverses provinces, le règlement de juges sera prononcé par le tribunal supérieur.

Art. 36. — Le tribunal supérieur connaîtra directement de tous les crimes et délits commis par les membres de la famille royale, les hautes autorités du royaume et les principaux fonctionnaires indigènes du gouvernement.

CHAPITRE V. — De la procédure.

Art. 37. — Le demandeur saisit le juge par une requête contenant l'exposé du litige, ainsi que les nom et demeure du défendeur.

Art. 38. — La demande doit être déposée au tribunal du défendeur.

Art. 39. — Le juge enregistrera la requête, à la date de sa réception, sur un registre coté et paraphé, et y inscrira sommairement l'objet du litige, les noms et demeures du demandeur et du du défendeur.

Art. 40. — Dans les trois jours de la réception de la requête, le juge fixera le jour de l'audience en tenant compte des délais de distance, et adressera aux parties intéressées l'ordre de comparaître aux jour et heure indiqués.

Art. 41. — Si, au jour indiqué, le demandeur ne comparaît pas, ou ne fait parvenir au tribunal aucune excuse valable, le tribunal renverra le défendeur des fins de la demande et pourra même, suivant les circonstances, condamner le demandeur à lui payer, à titre de frais de déplacement, une somme qui ne pourra excéder *quatre piastres.*

Art. 42. — Si c'est le défendeur qui fait défaut, le tribunal, après avoir examiné le mérite de la demande, statuera par défaut.

Art. 43. — S'il y a plusieurs défendeurs en cause, et si quelques-uns seulement comparaissent, le tribunal pourra condamner les défaillants qui ne se seront pas fait excuser à des dommages-intérêts au profit des comparants, dans les conditions prévues par l'article 41.

Mais, avant de se prononcer sur le sort du litige, il devra ordonner la réassignation de toutes les parties.

Art. 44. — Si, sur cette nouvelle assignation, l'un des défendeurs fait encore défaut, le tribunal statuera alors sur le litige qui lui est soumis, et son jugement sera réputé contradictoire à l'égard de toutes les parties en cause.

Art. 45. — Le tribunal, après avoir entendu les explications des parties, reçoit les dépositions des témoins produits par elles et de ceux qu'il croit devoir faire appeler d'office.

Les témoins prêtent serment de dire la vérité dans les formes traditionnelles, et leur déposition, dans les affaires susceptibles d'appel, est conservée par écrit.

Art. 46. — Le juge peut aussi ordonner d'office toute vérification, toute expertise ou descente sur les lieux, qu'il jugera nécessaires pour former sa conviction.

Art. 47. — Le jugement est prononcé publiquement, en présence des parties; il fixe le mode d'exécution.

Art. 48. — Les jugements, signés des juges, sont transcrits sur un registre spécial.

Il en sera délivré des expéditions aux parties sur leur demande; le coût de l'expédition d'un jugement sera fixé par le tribunal, et ne pourra s'élever au-dessus d'une piastre.

Art. 49. — Le juge devra, d'urgence, adresser au président du tribunal d'appel une copie de tout jugement rendu par le tribunal, lors même qu'aucune des parties n'en aurait interjeté appel.

Il lui adressera également, à la fin de chaque mois, un état sommaire des affaires inscrites au rôle.

Art. 50. — Celui qui aura été condamné par défaut aura dix jours, à partir de la signification du jugement, pour faire opposition.

Art. 51. — Dans le cas où le jugement est susceptible d'appel, la partie qui a succombé a un délai de dix jours pour faire appel.

Art. 52. — L'opposition et le recours en appel se feront par une simple déclaration devant le juge qui a rendu le jugement.

Il en sera fait mention sur le registre du rôle, et le demandeur devra consigner une amende de deux piastres, qui sera acquise au trésor public s'il vient à succomber de nouveau en appel.

Art. 53. — Le juge, en cas d'appel, transmettra d'urgence toutes les pièces du procès au président du tribunal compétent.

CHAPITRE VI. — Dispositions spéciales.

Art. 54. — Le personnel indigène, spécialement attaché à la justice et dont les attributions sont réglées au présent acte, se compose de :

Juges du tribunal supérieur.

Classe unique : solde annuelle................ 900 piastres.

Suppléants des juges du tribunal supérieur.
Classe unique : solde annuelle............... 700 piastres.

Juges des tribunaux provinciaux.
1re classe : solde annuelle................... 600 piastres.
2e classe : solde annuelle................... 500 piastres.

Suppléants des juges des tribunaux provinciaux.
Classe unique : solde annuelle............... 425 piastres.

Juges des tribunaux de paix.
1re classe : solde annuelle................... 400 piastres.
2e classe : solde annuelle................... 360 piastres.

Suppléants des juges des tribunaux de paix.
Classe unique : solde annuelle............... 300 piastres.

Art. 55. — Sont et demeurent abrogées toutes les prescriptions relatives à l'organisation et à l'administration de la justice au Cambodge, qui seraient contraires aux dispositions du présent acte.

Art. 56. — Pour tous les cas non prévus et sur la proposition du Résident général, il sera statué par décision du Gouverneur de la Cochinchine, le Conseil de Gouvernement du Cambodge entendu.

Art. 57. — Le Résident général est chargé de l'exécution de la présente décision, qui sera enregistrée partout où besoin sera et insérée au *Journal officiel de la Cochinchine française* et au *Bulletin officiel du Cambodge.*

Fait à Pnom-Penh, le 27 octobre 1884.

Le Gouverneur de la Cochinchine,
Charles THOMSON.

(Cachet du Premier Ministre.)

IV

DÉCISION relative à l'abolition de l'esclavage au Cambodge.

Le Gouverneur de la Cochinchine, officier de la Légion d'honneur et de l'Instruction publique,

Agissant au nom du Gouvernement de la République française, en vertu des pouvoirs qui lui ont été conférés,

Vu le traité conclu à Oudon le 11 août 1863, réglant les conditions du protectorat français au Cambodge ;

Vu l'article 8 de la convention de Pnom-Penh du 17 juin 1884, confirmant et complétant le traité susvisé, ledit article ainsi conçu : « L'esclavage est aboli sur tout le territoire du Cambodge » ;

Vu les instructions ministérielles, en date du 17 septembre dernier ;

Le Conseil de Gouvernement du Cambodge entendu, et avec la haute approbation de S. M. Norodom, qui a fait apposer pour promulgation le sceau du premier Ministre au bas de la présente décision,

Décide :

Article premier. — L'esclavage est aboli sur tout le territoire du Cambodge.

Art. 2. — Nul ne pourra à l'avenir être privé de sa liberté pour les crimes ou délits commis par ses ancêtres ou des personnes de sa famille, non plus que pour les dettes qu'ils auraient pu contracter.

Art. 3. — Tous les esclaves existant actuellement sur le territoire du Cambodge sont libérés. Néanmoins, ils ne seront considérés comme dégagés de toute obligation envers leurs anciens maîtres que dans les conditions stipulées aux articles suivants.

Art. 4. — Dans les six mois qui suivront la publication du présent acte, chaque possesseur d'esclaves sera tenu de déposer entre les mains du Résident de sa province la liste de ses esclaves. Cette liste sera affirmée et certifiée par lui ; elle devra indiquer :

1° Le nom, l'âge et le sexe de chaque individu ;

2° Sa provenance ;

3° La date et le motif de sa mise en servitude.

Les autorités cambodgiennes seront chargées de l'établissement et de la certification de ladite liste, en ce qui concerne les *neacngear* et les *pol* (esclaves du Gouvernement).

Toute déclaration incomplète ou inexacte entraînera de plein droit la libération absolue et définitive de l'esclave qui en aura été l'objet, sans que son ancien possesseur puisse élever à son sujet la moindre revendication ; il en sera de même pour ceux qui auront été omis.

Les fonctionnaires cambodgiens, rédacteurs des listes des neacngear et des pol, seront en pareil cas passibles de peines disciplinaires, qui seront prononcées par le Résident sous le contrôle duquel ils se trouvent placés.

Art. 5. — Les esclaves seront divisés en deux catégories, savoir :

1° Esclaves pour crimes ou délits ;
2° Esclaves pour dettes.

Chaque catégorie comporte deux subdivisions : la première les esclaves pour crimes ou délits commis par leurs ancêtres ou les personnes de leur famille, et les esclaves pour crimes ou délits commis par eux-mêmes ; la deuxième, les esclaves pour dettes contractées par leurs ancêtres ou les personnes de leur famille, et les esclaves pour dettes personnelles.

Art. 6. — Le tribunal de la province statuera sur le sort des esclaves des deux catégories.

Il pourra être fait appel au tribunal supérieur du jugement du tribunal provincial.

Art. 7. — Les esclaves pour crimes ou délits commis par leurs ancêtres ou les personnes de leur famille seront libérés de plein droit.

Art. 8. — Les esclaves pour crimes ou délits commis par eux-mêmes seront traduits devant le tribunal provincial, qui, après avoir pris connaissance des jugements ou décisions qui les concernent et fixé la peine qu'ils ont encourue, déterminera celle qu'ils ont encore à subir ou prononcera, s'il y a lieu, leur libération définitive.

Le jugement décidera également s'il y a lieu de les mettre en surveillance après libération, fixera la durée de leur internement et la commune où il devront être internés.

Art. 9. — Les esclaves pour dettes personnelles sont tenus de rembourser à leurs créanciers le montant des impenses et déboursés faits pour eux, en y comprenant la dette primitive et ses intérêts, déduction faite de la valeur de leur travail et des services par eux rendus.

La fixation du chiffre de leur dette sera faite par le tribunal provincial, qui déterminera également la valeur du travail par eux fourni et l'admettra en compensation.

Si ce travail n'est pas suffisant pour leur libération entière, ils seront constitués débiteurs de la différence, et le tribunal déterminera pendant combien de temps leur travail restera acquis à leur créancier pour le désintéresser entièrement.

Ce dernier restera, pendant cette période, chargé de pourvoir à ses frais à la nourriture et à l'entretien de ses engagés.

Art. 10. — Il sera fait application des mêmes règles aux esclaves pour dettes contractées par leurs ancêtres ou par des personnes de leur famille.

Toutefois, le tribunal aura à tenir compte de la condition particulière de ces esclaves et pourra, suivant l'espèce, prononcer la remise partielle ou même totale de leurs obligations.

Art. 11. — Le tribunal provincial, appréciera s'il y a lieu de comprendre parmi les esclaves pour dettes les personnes dont la servitude aurait une origine autre que celles prévues à l'article 5.

Art. 12. — Le mode de libération dont il est question à l'article 9 n'est pas obligatoire, et les parties restent libres d'adopter par convention amiable tel autre qui leur conviendra.

Art. 13. — L'État et les communes auront toujours le droit de racheter, moyennant le paiement de la partie de la dette non remboursée, les engagés qui se trouvent dans les conditions fixées aux articles 9, 10 et 11.

Des arrêtés du Résident général détermineront les rachats de cette nature qui devront être mis à la charge du budget de l'État ou imposés aux communes.

L'État ou les communes sont, en cas de rachat, subrogés aux droits de l'ancien créancier. Toutefois, ils ne sont pas tenus de pourvoir à l'entretien de leurs engagés, qui auront la faculté de travailler à leur profit et achèveront de se libérer soit par des versements en numéraire, soit par des prestations supplémentaires dont le chiffre sera fixé par le Résident provincial, sans qu'elles puissent en aucun cas dépasser quatre-vingt-dix journées de travail pour une année.

Art. 14. — Tout engagé qui sera maltraité par son créancier, insuffisamment nourri ou entretenu par lui, ou astreint à des travanx excessifs, sera en droit de demander sa libération immédiate, qui sera ordonnée par le tribunal provincial, sans préjudice des peines qui pourront être prononcées pour ce motif contre le créancier.

Art. 15. — Pour tous les cas non prévus au présent acte, et sur la proposition du Résident général, il sera statué par décision du Gouverneur de la Cochinchine, le Conseil de Gouvernement du Cambodge entendu.

Art. 16. — Le Résident général est chargé de l'exécution de la présente décision, qui sera enregistrée partout où besoin sera et insérée au *Journal officiel de la Cochinchine française* et au *Bulletin officiel du Cambodge*.

Fait à Pnom-Penh, le 28 octobre 1884.

Le Gouverneur de la Cochinchine,
Charles THOMSON.

(Cachet du Premier Ministre.)

V

DÉCISION relative à la constitution de la propriété au Cambodge.

Titre Ier : De la constitution de la propriété.
Titre II : Division du domaine de l'État.
Titre III : De l'administration du domaine de l'État.
Titre IV : Des occupants.
Titre V : De l'aliénation.
Titre VI : De la conservation de la propriété.
Titre VII : De l'expropriation.
Dispositions générales.

Le Gouverneur de la Cochinchine, officier de la Légion d'honneur et de l'Instruction publique,

Agissant au nom du Gouvernement de la République française, en vertu des pouvoirs qui lui ont été conférés,

Vu le traité conclu à Oudon le 11 août 1863, réglant les conditions du protectorat français au Cambodge;

Vu l'article 9 de la convention de Pnom-Penh du 17 juin 1884, confirmant et complétant le traité susvisé, ledit article ainsi conçu : « Le sol « du royaume, jusqu'à ce jour propriété exclusive de la Couronne, cessera « d'être inaliénable. Il sera procédé, par les autorités françaises et cam- « bodgiennes, à la constitution de la propriété au Cambodge. Les chré- « tientés et les pagodes conserveront, en toute propriété, les terrains « qu'elles occupent actuellement »;

Vu les instructions ministérielles, en date du 17 septembre dernier;

Le Conseil du Gouvernement du Cambodge entendu, et avec la haute approbation de S. M. Norodom, qui a fait apposer pour promulgation le sceau du premier Ministre au bas de la présente décision,

Décide :

TITRE PREMIER.

DE LA CONSTITUTION DE LA PROPRIÉTÉ.

Article premier. — Le territoire du Cambodge, jusqu'à ce jour propriété exclusive de la Couronne, est déclarée propriété de l'État.

Art. 2. — Tous les détenteurs de terres, en vertu de titres portant location ou aliénation temporaire, seront tenus de les déposer, dans les six mois qui suivront la publication du présent acte, entre les mains du Résident de la province, qui en délivrera récépissé.

Après avoir été vérifiés par le Résident général, ces titres seront, si leur validité est démontrée, visés et remis aux intéressés.

Art. 3. — Faute de s'être conformés en temps utile, aux obligations que leur impose l'article précédent, les détenteurs seront déchus de tous droits

TITRE II.

DIVISION DU DOMAINE DE L'ÉTAT.

Art. 4. — Le domaine de l'État comprend :

La dotation immobilière de la Couronne,
Le domaine public,
Le domaine de réserve,
Et le domaine aliénable.

Font partie de la dotation de la Couronne tous les immeubles mis à la disposition de S. M. le Roi du Cambodge, pour en percevoir les revenus et en disposer à son gré, sous les réserves stipulées au présent acte.

Font partie du domaine public : les routes, chemins, voies ferrées et leurs accessoires ; cours d'eau navigables ou flottables, ainsi que leurs rives ou francs bords sur une largeur de huit mètres au-dessus du niveau moyen des hautes eaux ; toutes les voies de communication en général, les édifices, terrains et locaux affectés à un service public.

Art. 5. — La dotation de la Couronne et le domaine public sont inaliénables; les immeubles qui les composent ne peuvent être ni engagés ni hypothéqués.

Art. 6. — Le domaine de réserve comprend les immeubles que l'Administration entend soustraire à une aliénation immédiate et réserver pour les besoins de l'avenir, bien qu'ils ne fassent partie ni de la dotation royale, ni du domaine public.

Ces immeubles sont inaliénables tant qu'ils restent rangés dans cette catégorie; ils peuvent être toutefois engagés ou hypothéqués.

Art. 7. — Le domaine aliénable englobe toutes les terres dont l'aliénation est autorisée selon les besoins.

Il pourra être divisé, par commune, en différentes classes qui ne seront aliénées que successivement, de telle sorte que les terres de la deuxième classe ne seront aliénées qu'après épuisement de la première, celles de la troisième après aliénation totale de la seconde, et ainsi de suite.

Art. 8. — Les revenus de toutes sortes, les locations de tous les immeubles du domaine de l'État, à l'exception de la dotation de la Couronne, profitent au budget de l'État, qui bénéficie également du produit de la vente des immeubles aliénables.

Art. 9. — La répartition des immeubles domaniaux entre la dotation de la Couronne, le domaine public, le domaine de réserve et le domaine aliénable, sera faite et pourra être modifiée par décision du Résident général, sanctionnée par le Gouverneur de la Cochinchine, le Conseil de Gouvernement du Cambodge entendu.

La division par commune et en classes du domaine aliénable sera opérée par les Résidents provinciaux, après consultation des autorités indigènes, et sanctionnée par le Résident général.

TITRE III.

DE L'ADMINISTRATION DU DOMAINE DE L'ÉTAT.

Art. 10. — Le domaine de l'État est administré, sous la haute-autorité du Roi et du Gouverneur de la Cochinchine, par le Rési dent général de France, représenté dans les provinces par les Résidents.

Le Résident général passe par lui-même ou par ses délégués tous les actes qui intéressent le domaine de l'État : acquisitions, ventes, concessions, adjudications, échanges, baux, transactions, et le représente en justice.

TITRE IV.

DES OCCUPANTS.

Art. 11. — Il sera fait aux occupants du sol des avantages darticuliers.

Ceux qui sont établis sur des terres faisant partie du domaine aliénable seront admis, de préférence à tous autres, soit à en devenir propriétaires à titre gratuit, soit à les acquérir de gré à gré, moyennant un prix calculé sur la valeur intrinsèque du sol dégagée de la plus-value résultant des améliorations faites par leurs soins.

Art. 12. — Ceux qui sont établis sur les terres affectées au domaine public ou au domaine réservé devront les évacuer dans un délai dont la durée sera fixée par le Résident de la province ; mais ils recevront, à titre gratuit, s'ils le désirent, une concession territoriale suffisante pour les indemniser des pertes résultant du déplacement.

Lorsque les immeubles qu'il s'agira de faire évacuer seront chargés des récoltes pendantes par la racine, le délai ne pourra commencer que du jour de leur enlèvement.

Art. 13. — Toute personne qui occupera à l'avenir, sans autorisation de l'autorité compétente, un terrain appartenant à l'État, sera passible d'une amende quadruple de la valeur locative du terrain occupé.

TITRE V.

DE L'ALIÉNATION.

Art. 14. — Le domaine de l'État peut être aliéné par voie de concession gratuite, de vente de gré à gré et d'adjudication publique.

Art. 15. — Les concessions gratuites de cinquante hectares et au-dessous dans les campagnes, de mille mètres carrés et au-dessous dans les centres habités, sont accordées par les Résidents provinciaux, après avis des autorités indigènes; mais elles ne seront définitives qu'après homologation par le Résident général.

Art. 16. — Les concessions plus considérables sont accordées par le Résident général.

Lorsqu'elles dépassent trois cents hectares pour les immeubles ruraux et trois mille mètres carrés dans les centres, elles doivent être, en outre, ratifiées par le Gouverneur de la Cochinchine, le Conseil de Gouvernement du Cambodge entendu.

Art. 17. — Les ventes de gré à gré d'immeubles d'une valeur de deux cents piastres et au-dessous sont conclues par les Résidents provinciaux et homologuées par le Résident général; au-dessus de deux cents piastres, elles sont conclues par le Résident général; lorsqu'elles dépassent deux mille piastres, elles sont en outre soumises à l'approbation du Gouverneur de la Cochinchine, le Conseil de Gouvernement du Cambodge entendu.

Art. 18. — Toute mise en vente par voie d'adjudication doit être, au préalable, autorisée par le Résident général, qui homologue ensuite le procès-verbal d'adjudication. Ce procès-verbal est en outre approuvé par le Gouverneur de la Cochinchine, le Conseil de Gouvernement du Cambodge entendu, si le prix d'adjudication dépasse deux mille piastres.

Art. 19. — En cas de refus d'homologation par le Résident général ou d'approbation par le Gouverneur, les aliénations dont il est parlé aux articles 16, 17 et 18 sont annulées et demeurent sans effet.

Art. 20. — La minute des actes de concession gratuite et vente de gré à gré est établie sur la souche du registre des aliénations tenu à la Résidence de la province de la situation des biens; un double est établi sur le volant du même registre et un extrait sur le talon y annexé. Ces trois pièces sont signées du résident provincial, de l'acquéreur ou concessionnaire, ou de deux témoins si ce dernier est illettré. Le volant et son talon sont ensuite détachés et adressés au Résident général, qui les transmettra, s'il y a lieu, au Gouverneur.

Après l'accomplissement de toutes les formalités réglementaires, le talon est détaché de son volant et conservé à la Résidence générale, tandis que ce dernier est remis à l'intéressé pour lui servir de titre de propriété.

Art. 21. — L'approbation du Gouverneur de la Cochinchine peut être donné collectivement et par un arrêté distinct des actes pour plusieurs aliénations.

Art. 22. — Les articles 8, 9, 10, 11, 13, 14, 15 (les trois premiers paragraphes de ce dernier article), 16, 17, 18, 19 de l'arrêté du 22 août 1882 sur les aliénations domaniales en Cochinchine, dont le texte est relaté ci-dessous (1), sont applicables aux

---

(1) Art. 8. — Les demandes de mise en vente sont instruites par le Directeur de l'intérieur ou ses délégués. Elles doivent contenir les renseignements exigés pour les demandes de concessions gratuites ; en outre, un croquis du terrain demandé doit y être annexé.

Art. 9. — Toute personne qui demandera la mise en vente d'un terrain de la deuxième catégorie sera tenue de souscrire au préalable une soumission par laquelle elle s'engagera à couvrir d'au moins une enchère la mise à prix fixée par l'Administration. Il lui sera donné connaissance de cette mise à prix, dont le chiffre sera indiqué dans la soumission souscrite.

Art. 10. — Le cahier des charges, clauses et conditions de toute vente aux enchères publiques, sera établi en double original. Chaque original sera accompagné d'un plan régulier du terrain. L'adjudication est annoncée au moins quinze jours à l'avance par les moyens ordinaires de publicité. Elle a lieu en séance publique.

Art. 11. — L'adjudication aura lieu aux enchères publiques et à l'extinction des feux. Elle ne peut être prononcée qu'autant que trois feux auront été allumés et se seront éteints sans qu'il ait été fait une nouvelle enchère.

. . . .

Art. 13. — Les enchères ne pourront être inférieures à une piastre ; elles seront d'au moins deux piastres lorsque la mise à prix sera de plus de vingt piastres, de cinq piastres lorsqu'elle sera au-dessus de deux cents piastres, de dix piastres, de mille à deux mille piastres, et de vingt piastres lorsqu'elle dépassera deux mille piastres.

Art. 14. — Toute personne se présentant pour autrui doit justifier : 1o d'une procuration régulière qui est déposée sur le bureau après avoir été certifiée par le mandataire ; 2o de la solvabilité du mandant.

Art. 15. — La faculté de déclarer ami ou command doit être réservée par l'acte même et ne peut être exercée que par l'adjudicataire direct, au profit d'un seul individu.

Nul ne peut être command s'il ne réunit les qualités requises pour être adjudicataire direct. Si le command n'est pas accepté, l'adjudication restera pour le compte de l'adjudicataire.

adjudications de biens domaniaux au Cambodge. Le Résident général remplit les fonctions dévolues en Cochinchine au Directeur de l'intérieur.

Art. 23. — L'acte d'aliénation pourra stipuler une exemption d'impôt totale ou partielle, qui ne pourra jamais excéder quatre années.

Les prix de vente seront payables soit au comptant lors de la remise du titre, soit par annuités calculées de telle sorte que l'acquéreur se trouve entièrement libéré dans un délai maximum de dix années.

Art. 24. — Les frais de mise en possession sont entièrement à la charge des acquéreurs et concessionnaires.

La déclaration de l'adjudicataire et l'acceptation du command auront lieu simultanément par acte passé dans les trois jours de l'adjudication devant le fonctionnaire qui aura présidé à la vente. Il sera fait en double original pour être annexé au procès-verbal d'adjudication.

. . . .

Art. 16. — L'adjudicataire et le command, s'il en est déclaré, sont tenus de faire, le premier dans l'acte d'adjudication, le second dans l'acte d'acceptation de la déclaration passée à son profit, élection de domicile dans l'arrondissement où se trouve l'immeuble vendu. Faute de ce faire, tous actes postérieurs leur seront valablement signifiés à la Direction de l'intérieur ou dans les bureaux de l'administrateur, selon le lieu de la vente.

Art. 17. — Le fonctionnaire chargé de présider à l'adjudication peut requérir que l'adjudicataire ou le command élu fournissent bonne et valable caution, quelle s'obligera solidairement.

Si la caution présentée par le command n'est pas reçue, l'adjudication reste pour le compte de l'adjudicataire direct, à moins que celui-ci ne consente à se porter caution solidaire du command déclaré.

Art. 18. — Toutes les contestations qui pourront s'élever pendant les opérations sur la qualité et sur la solvabilité des enchérisseurs, sur la validité des enchères, sur l'admission du command ou de la caution et sur tous autres incidents relatifs à l'adjudication, sont tranchées séance tenante par le fonctionnaire qui préside à la vente.

Art. 19. — Le procès-verbal d'adjudication, établi en double original à la suite du cahier des charges, est signé sur-le-champ par les membres de la commission et par l'adjudicataire ou son fondé de pouvoir.

En l'absence de ces derniers, ou s'ils ne veulent ou ne peuvent signer, il en sera fait mention au procès-verbal. *(Arrêté du 22 août 1882 sur les aliénations domaniales en Cochinchine.)*

Art. 25. — Les actes portant aliénation de terres domaniales sont exempts de tous droits d'enregistrement ou autres, sauf un droit fixe de 20 cents pour délivrance de titre, qui sera perçu lors de l'enregistrement au registre des aliénations sur lequel les ventes par adjudication seront mentionnées par extrait.

Art. 26. — L'aliénation des terrains domaniaux devient définitive, savoir : pour les concessions gratuites, par l'acquittement consécutif pendant quatre années de l'impôt foncier ; pour les aliénations à titre onéreux, par l'acquittement intégral du prix de vente.

Art. 27. — Le Résident général peut toujours provoquer la révocation des aliénations qui n'ont pas acquis un caractère définitif, soit pour inexécution des clauses du contrat, soit pour exploitation insuffisante ou vicieuse.

L'éviction de l'acquéreur ou concessionnaire est prononcée, après mise en demeure préalable, par l'autorité qui a décidé l'aliénation, sous l'homologation ou sanction des pouvoirs supérieurs intervenus à cette dernière, le tout selon les règles de compétence établie par les articles 15, 16, 17, 18 et 19.

Art. 28. — Aucune location de terrains domaniaux ne pourra avoir lieu si elle n'a été préalablement autorisée par le Résident général ; elle sera conclue par le Résident provincial, constatée sur le registre spécial dit des locations, qui sera tenu de la manière indiquée par l'article 20 pour le registre des aliénations, et homologuée en la même forme que les ventes de gré à gré de moins de deux cents piastres par le Résident général, avant remise du volant au fermier. Ce dernier ne pourra en aucun cas être exempté du payement de l'impôt foncier.

Art. 29. — Les baux à ferme de biens du domaine de l'État donneront lieu à la perception d'un droit de 20 cents pour délivrance de titre. Ce droit sera perçu lors de l'enregistrement au registre des locations.

Art. 30. — Les chrétientés, les pagodes, les mosquées et autres établissements du culte conserveront en toute propriété les terrains qu'elles occupaient à la date du 17 juin 1884, jour de la signature de la convention de Pnom-Penh, c'est-à-dire l'emplacement des temples, cimetières, maisons d'école et du logement des desservants, avec leurs jardins et dépendances.

TITRE VI.

DE LA CONSERVATION DE LA PROPRIÉTÉ.

Art. 31. — Dans les six mois qui suivront la publication du présent acte, il sera ouvert pour chaque commune et, s'il y a lieu, pour chaque section de commune, quartier ou hameau, un registre de la propriété dont le modèle sera ultérieurement arrêté.

Ces registres seront établis en langue française par les Résidents provinciaux.

Art. 32. — Toute mutation de propriété immobilière devra, à peine de nullité, être déclarée aux chefs de cantons, qui recevront le dépôt de l'acte en vertu duquel la mutation est effectuée, en donneront récépissé et le transmettront sans retard, par la voie hiérarchique, au Résident provincial pour mention sur le registre de la propriété de la résidence.

La déclaration des parties intéressées est constatée par une relation signée du Résident et inscrite sur l'acte de vente.

Aucune mutation de propriété ne pourra avoir lieu en vertu d'un contrat verbal.

Art. 33. — Les registres de propriété seront refondus tous les cinq ans.

TITRE VII.

DE L'EXPROPRIATION.

Art. 34. — Nul ne peut désormais être obligé de céder sa propriété, si ce n'est pour cause d'utilité publique et moyennant une juste et préalable indemnité.

Art. 35. — Les biens expropriés pour cause d'utilité publique sont réunis au domaine de l'Etat et classés de droit dans le domaine public, sauf décision ultérieure contraire.

Art. 36. — Lorsqu'il y aura lieu à expropriation, l'utilité publique sera préalablement déclarée par une décision du Résident général. Cette décision désignera en outre les propriétés à exproprier, prononcera l'expropriation, déclarera, s'il y a lieu, l'urgence en fixant la date de la prise de possession, et désignera les membres non fonctionnaires de la commission dont il est parlé à l'article suivant.

Art. 37. — Dans les trois mois au plus qui suivront la décision du Résident général, une commission composée de : 1º le Résident provincial, président, ou son délégué ; 2º le chef de l'arrondissement et le chef du canton de la situation des biens expropriés ; 3º deux membres non fonctionnaires, désignés par la décision prescrite par l'article 36, se transportera sur les lieux, examinera les immeubles expropriés, écoutera les réclamations des propriétaires et autres ayants droit, préalablement convoqués au moins huit jours à l'avance, et fixera le chiffre des indemnités.

Elle dressera procès-verbal de ses opérations et le transmettra sans délai au Résident général, qui assurera, dans les trois mois de sa date, le paiement desdites indemnités.

Art. 38. — Hors le cas d'urgence, la prise de possession ne pourra jamais précéder le paiement de l'indemnité.

Elle devra avoir lieu au plus tard dans le mois qui suivra le versement de cette dernière.

Si l'urgence a été régulièrement déclarée, le prise de possession a lieu à la date indiquée par la décision du Résident général.

Elle est dans l'un et l'autre cas constatée par un procès-verbal du Résident provincial.

Art. 39. — Est déclarée nulle et de nul effet, sans préjudice de la responsabilité civile ou criminelle qui pourrait incomber aux fonctionnaires qui l'auraient ordonnée, suivie, exécutée, ou y auraient participé d'une manière quelconque, toute procédure d'expropriation non conforme aux règles qui précèdent.

DISPOSITIONS GÉNÉRALES.

Art. 40. — Pour tous les cas non prévus au présent acte et sur la proposition du Résident général, il sera statué par décision du Gouverneur de la Cochinchine, le Conseil du Gouvernement du Cambodge entendu.

Art. 41. — Le Résident général est chargé de l'exécution de la présente décision, qui sera enregistrée partout où besoin sera et insérée au *Journal officiel de la Cochinchine française* et au *Bulletin officiel du Cambodge.*

Fait à Pnom-Penh, le 28 octobre 1884.

Le Gouverneur de la Cochinchine,
CHARLES THOMSON.

(Cachet du Premier Ministre.)

VI

DÉCISION supprimant l'impôt sur le paddy.

Le Gouverneur de la Cochinchine, officier de la Légion d'honneur et de l'Instruction publique,

Vu le traité conclu à Oudon le 11 août 1863, réglant les conditions du Protectorat francais au Cambodge;

Vu la convention de Pnom-Penh du 17 juin 1884, confirmant et complétant le traité susvisé;

Vu l'arrêté de promulgation du 1er novembre courant, les décisions du même jour concernant l'administration des provinces dans lesquelles l'autorité française ne sera pas encore représentée, et conférant jusqu'à nouvel ordre à M. le Représentant *p. i.* du Protectorat les pouvoirs attribués au Résident général de France;

Vu l'ordonnance royale du 15 janvier 1877;

Considérant que l'impôt sur le paddy frappe le produit le plus nécessaire à l'alimentation publique; qu'il pèse très lourdement sur les classes pauvres de la population;

Considérant que cet impôt ne sera pas maintenu dans la nouvelle organisation financière du Cambodge;

Le Conseil de Gouvernement du Cambodge entendu, et avec la haute approbation de S. M. Norodom, qui a fait apposer pour exécution le sceau du Premier Ministre au bas de la présente décision,

DÉCIDE :

Article premier. — L'impôt sur le paddy, perçu par les *Oknha-luong,* est et demeure supprimé.

Art. 2. — La disposition qui précède est applicable à la récolte sur pied de 1884.

Art. 3. — Le paddy destiné à la fabrication des alcools continuera à être frappé de la taxe de 10 p. 100.

Art. 4. — M. le Représentant *p. i.* du Protectorat est chargé de l'exécution de la présente décision.

Fait à Pnom-Penh, le 18 novembre 1884.

Le Gouverneur,
CHARLES THOMSON.

(Cachet du Premier Ministre.)

Par le Gouverneur :
Le Représentant p. i. *du Protectorat,*
J. FOURÈS.

VII

PROCÈS-VERBAL d'installation
de la commission municipale de la ville de Pnom-Penh.

L'an mil huit cent quatre-vingt-quatre, le dix-neuf novembre, en exécution de l'article 10 de la convention du 17 juin 1884,

M. Charles Thomson, Gouverneur de la Cochinchine, a procédé à l'installation de la commission municipale de la ville de Pnom-Penh.

M. le Gouverneur, accompagné de Sa Majesté l'Obbaréach, second Roi, et assisté de M. Fourès, représentant *p. i.* du Protectorat, de M. Klobukowski, chef de son cabinet et du bureau politique, de M. le lieutenant de vaisseau Deleschamps, détaché auprès du Gouverneur, et de M. Boyer, secrétaire particulier, s'est rendu à neuf heures du matin à l'hôtel de ville. Il a été reçu dans la grande salle par le maire et tous les membres de la commission municipale, en présence des Princes, frères et fils de S. M. Norodom, des membres du Conseil de Gouvernement, ministres de Sa Majesté, des fonctionnaires et officiers détachés au Cambodge et des principales autorités indigènes.

Le Gouverneur a pris place à la table du Conseil et a invité M. le Président de la commission municipale à donner lecture de l'article 10 de la convention du 17 juin 1884 et des trois arrêtés en date des 1er et 4 novembre 1884 nommant le Président et les membres de la commission municipale.

Article 10 de la convention du 17 juin 1884 : « La ville de
« Pnom-Penh sera administrée par une commission municipale
« composée : du Résident général ou de son délégué, *président*,
« six fonctionnaires ou négociants français, nommés par le Gou-
« verneur de la Cochinchine ; de trois Cambodgiens, un Annamite,
« deux Chinois, un Indien et un Malais nommés par S. M. le Roi
« du Cambodge sur une liste présentée par le Gouverneur de la
« Cochinchine. »

Arrêté du 1er novembre 1884, nommant M. Morin président de
la commission municipale de Pnom-Penh. (Page 46 du *Bulletin
officiel du Cambodge,* n° 1.)

Arrêté nommant les membres français de la commission municipale de Pnom-Penh. (Page 46 du *Bulletin officiel du Cambodge,*
n° 1.)

Arrêté nommant les membres indigènes et asiatiques étrangers
de la commission municipale de Pnom-Penh. (Page 47 du *Bulletin
officiel du Cambodge,* n° 1.)

Après cette lecture, M. le Gouverneur a déclaré que la commission municipale était installée dans ses fonctions, et a prononcé
le discours suivant :

Messieurs,

En acceptant, avec un empressement dont je vous sais particu-
lièrement gré, de former la première municipalité de la ville de
Pnom-Penh, vous avez pris un engagement que, j'en suis con-
vaincu, vous saurez bien remplir, car vous en avez par avance
mesuré toute l'étendue.

Il n'est pas un de vous, en effet, qui n'ait vécu assez longtemps
à Pnom-Penh pour connaître exactement les intérêts multiples
de cette ville et en pressentir avec netteté le brillant avenir. Grâce
à son admirable situation géographique au confluent du Mékong
supérieur et du bras des Lacs, la capitale du Cambodge, que deux
magnifiques artères relient à la Cochinchine, deviendra nécessai-
rement l'un des centres commerciaux les plus importants de
l'Extrême-Orient, le vaste port de transit des produits du Siam, de
la Birmanie et de la grande vallée du Laos.

Ce résultat, Messieurs, nous l'atteindrons rapidement par l'application du programme politique, administratif et économique dont je suis venu, au nom du Gouvernement de la République, préparer la réalisation. Affranchir et régénérer le Cambodge, élever le niveau moral et intellectuel de ses habitants, les initier aux principes qui sont la base des sociétés modernes, tout en respectant leurs mœurs, leurs coutumes, leurs croyances religieuses et nationales; procéder à la mise en valeur immédiate de ses richesses naturelles, en se préoccupant de tous les besoins et en sauvegardant tous les droits : telle est la grande et noble mission que la France, fidèle à ses traditions historiques, s'est imposée; telle est l'œuvre que nous accomplirons avec le concours de toutes les intelligences et de toutes les bonnes volontés.

Depuis la signature de la convention de Pnom-Penh, qui, en confirmant et en complétant notre protectorat, a resserré les liens d'amitié qui unissaient les deux nations, cinq mois se sont écoulés. Pendant cette période, je me suis appliqué à noter avec soin les impressions qui se manifestaient peu à peu dans ce pays à l'annonce des réformes promises et des événements qui se préparaient. De tous côtés des témoignages de confiance m'ont été donnés, et partout j'ai vu s'accentuer de jour en jour, dans cette population si douce et si intéressante du Cambodge, le désir d'un nouvel état de choses et d'un relèvement prochain.

Ces témoignages, ces manifestations non équivoques de reconnaissance, je les ai rencontrés, plus vifs encore que je ne le supposais, au cours de mes récentes excursions dans les principales provinces, dont j'ai pu admirer la merveilleuse fécondité. A Kasutin, Kompong-cham, Krauchmar, Kratié, Samboc et Sambor, sur les rives du haut fleuve; à Kompong-luong, Kompong-chnang et Kompong-thom, sur le bras des Lacs, j'ai trouvé le même accueil empressé, l'expression des mêmes sentiments de gratitude et de sympathie. Aussi, après avoir vérifié par moi-même les renseignements qui m'avaient été fournis, je puis dire qu'en m'autorisant à me rendre à Pnom-Penh, le Gouvernement de la République a cédé beaucoup moins au légitime désir de continuer son œuvre qu'aux instances d'un peuple qui aime la France et attend avec impatience son intervention, parce qu'il connaît son désintéresse ment, parce qu'il sait que ses résolutions ne seront jamais inspirées que par des idées de paix, de justice et de civilisation.

La présence ici-même, à cette cérémonie d'installation de votre assemblée, de S. M. le second Roi, des membres du Conseil de Gouvernement du Cambodge, ministres du Roi, vous est un sûr garant que S. M. Norodom a compris que les véritables intérêts du Royaume étaient intimement liés à l'application de la convention du 17 juin 1884, et qu'il importait, dès maintenant et dans la mesure du possible, de donner satisfaction à ses sujets. Avec sa haute approbation et sous réserve de la ratification définitive du Gouvernement de la République, j'ai pris à la date du 1er novembre, en Conseil de Gouvernement, un arrêté revêtu du sceau du Premier Ministre et promulguant les décisions relatives à l'organisation générale du pays. Mais, pour ne pas nous départir de la règle de conduite que nous nous sommes tracée, il a été entendu que ces mesures ne seraient rendues exécutoires dans chaque province qu'après l'installation du Résident à son chef-lieu. Jusque-là, et dans toutes les provinces où l'autorité française ne sera pas représentée, le système administratif cambodgien sera conservé et fonctionnera sous le contrôle effectif du Protectorat.

En suivant avec prudence cette marche rationnelle et progressive, soutenus par le Souverain, par les membres de la famille royale et les mandarins, qui ont mis loyalement leurs mains dans la nôtre et ont à cœur de sortir au plus tôt de l'ornière du passé, aidés par les fonctionnaires indigènes dont j'ai pu apprécier le zèle et les excellentes intentions, nous avons la certitude de faire honneur à notre parole : de donner au peuple cambodgien toutes les libertés compatibles avec l'ordre et la tranquillité ; de lui garantir une sage administration et une bonne justice ; de combattre la misère et de répandre l'instruction ; de développer l'agriculture, le commerce et l'industrie ; de répartir équitablement entre tous les contributions annuelles, en régler judicieusement l'emploi, et diminuer ainsi les charges qui aujourd'hui pèsent inégalement sur les habitants du Cambodge ; d'ouvrir des débouchés, créer des voies de communication de province à province, et faciliter la circulation et l'échange des produits en délivrant le commerce intérieur des entraves qui le paralysent ; de supprimer, sans secousse et en ménageant la transition, l'esclavage, cette iniquité séculaire que la France républicaine n'avait pas le droit de laisser subsister sur une terre placée sous sa protection ; enfin, de constituer la propriété individuelle.

Bien que restreinte à l'administration de la ville de Pnom-Penh, votre tâche, Messieurs, ne sera ni plus facile ni moins méritoire, car vous avez à rendre la capitale digne du royaume dont nous avons entrepris d'assurer la prospérité. Pour présider vos délibérations, j'ai fait choix d'un fonctionnaire dont l'expérience administrative et les services passés doivent vous inspirer une entière confiance, et j'ai formé votre assemblée de façon à donner aux éléments divers qui composent la population une représentation proportionnée à leurs intérêts respectifs.

Je sais que je puis compter sur votre dévouement, et je ne doute pas que, guidés par le sentiment du bien général, vous ne vous montriez toujours à la hauteur de la mission que vous avez acceptée. Si, pendant la durée de votre mandat, utilisant avec prévoyance les ressources communales, vous prenez les mesures que réclament impérieusement la santé et la sécurité publiques ; si vous procurez au travail les garanties qui lui sont nécessaires ; si vous organisez les écoles et les établissements d'assistance qui s'imposent à votre sollicitude ; si vous consacrez votre activité à mener à bonne fin les travaux de voirie, de canalisation et d'assainissement qui feront de Pnom-Penh la ville sœur de Saigon ; si, en un mot, vous avez créé la vie municipale, vous aurez augmenté le bien-être et la fortune du pays, vous aurez fait votre devoir.

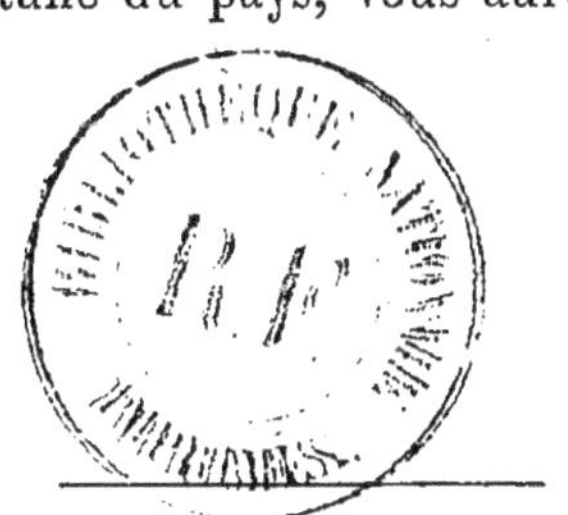